T0112967

© 2023, Editorial Libsa
C/ Puerto de Navacerrada, 88
28935 Móstoles (Madrid)
Tel.: (34) 91 657 25 80
e-mail: libsa@libsa.es
www.libsa.es

ISBN: 978-84-662-4301-8

Colaboración en textos: Ana Martínez y Fernando Martín
Edición: equipo editorial Libsa
Diseño de cubierta: equipo de diseño Libsa
Maquetación: Roberto Menéndez - Diseminando Diseño Editorial
Ilustración: Susana Hoslet Barrios
Fotografías: Shutterstock Images, Gettyimages

Queda prohibida, salvo excepción prevista en la ley, cualquier
forma de reproducción, distribución, comunicación pública y
transformación de esta obra sin contar con autorización de los
titulares de la propiedad intelectual. La infracción de los derechos
mencionados puede ser constitutiva de delito contra la propiedad
intelectual (arts. 270 y ss. Código Penal). El Centro Español de
Derechos Reprográficos vela por el respeto de los citados derechos.

DL: M 29435-2022

Contenido

INTRODUCCIÓN

Nuestro planeta, la Tierra, está lleno de maravillas y curiosidades. Desde que el ser humano lo pobló, se debió de preguntar qué eran esas formas de algodón blanco del cielo, las nubes, y por qué a veces dejaban caer agua, la lluvia. Seguro que observaron ríos, mares, glaciares, playas y volcanes con admiración y algo de miedo. Sin duda aprendieron a moverse por él, orientándose quizá de un modo intuitivo hasta descubrir la brújula.

¿Y tú? ¿Sabrías decir cómo funciona exactamente una brújula? ¿Sabrías decir por qué llueve, a dónde va el agua del glaciar cuando se derrite, por qué flotas en el mar o cómo entra un volcán en erupción?

Todas estas preguntas y muchas más y, por supuesto, todas las respuestas, están en este libro para lectores apasionados de este planeta: pasea por la nieve, observa de cerca un arcoíris, entiende la estructura de un tornado, aprende a salir de arenas movedizas, entra en cuevas llenas de estalactitas, acércate a mirar las plantas como nunca las habías visto...

Además, conocer el funcionamiento de la vida en la Tierra es el primer paso para respetarla, quererla y cuidarla. Nuestra casa se lo merece.

¿Qué vas a encontrar en este libro?

Encontrarás un total de **25** fenómenos que suceden en nuestro planeta, cada uno de ellos acompañado de un experimento que te servirá para entenderlo mejor y comprobar que funciona.

En cada experimento se indicará:

El **tiempo que tardarás en hacerlo**, en prepararlo y en ver los resultados, así podrás organizarte mejor.

Necesitas

Una **lista con los materiales** que necesitarás. La mayoría podrás encontrarlos en casa, así que podrás tener tu propio laboratorio casero.

Unas **indicaciones de alerta**, por si el experimento requiere de ayuda de una persona adulta. Aunque ninguno de los experimentos que encontrarás en este libro es peligroso, en ocasiones te indicará que pidas ayuda o supervisión.

Algunas **recomendaciones** para mejorar tu experimento.

Una **lista paso por paso de cómo realizar el experimento**. El orden de los pasos es importante, así que asegúrate de seguirlo.

Un **apartado de explicación** del experimento y cómo ayuda a entender ese fenómeno de la naturaleza.

Recuerda siempre lo más importante

El principal objetivo de este libro es que te **diviertas** mientras aprendes, la ciencia es y puede ser muy divertida, así que usa la imaginación, disfruta los experimentos y ten siempre **curiosidad por saber más.**

La formación de las nubes

¿Cuántas veces has levantado la vista al cielo y te has quedado mirando las nubes? Además de tener muchas formas y colores distintos, como las esponjosas nubes blancas o las nubes negras de tormenta, son una de las etapas fundamentales de un proceso que permite la vida en la Tierra: el ciclo del agua.

¿Cómo funciona el ciclo del agua? Sobre la superficie de la Tierra podemos encontrar agua líquida en forma de ríos, mares, océanos, lagos, etc.

Por efecto del calor, gracias a los rayos del sol, el agua se evapora y pasa de estar en estado líquido a gaseoso. Cuando esta agua en estado gaseoso se acumula en la atmósfera se forman las nubes, mediante un fenómeno que se llama **condensación** y que se debe al frío de la atmósfera y a un cambio de presión.

Condensación

Precipitación

Ciclo del agua

Acumulación

Evaporación

Una nube
en una botella

Necesitas

- Una botella de plástico transparente con tapón
- Agua tibia
- Cerillas
- Una linterna

5 minutos de preparación

Consejo

Apaga la luz, coloca una linterna encendida en la parte inferior de la botella y entonces aprieta y suelta la botella.

Atención

¡Cuidado con las cerillas! No hagas este experimento sin supervisión de una persona adulta.

01

Vierte un poco de agua tibia en el fondo de la botella vacía.

02

Coloca el tapón sobre la botella, pero sin enroscarlo.

03

Pide a una persona adulta que encienda la cerilla y la deje arder un par de segundos.

TIC TAC

Retira el tapón, sopla la cerilla para apagarla e introduce la parte quemada en la botella para que el humo se quede dentro de la botella. Cierra con fuerza el tapón.

04

05

Aprieta y suelta la botella. Puedes hacerlo hasta cinco o seis veces.

¿Qué está pasando?

Cuando aprietas la botella aumenta la presión y la temperatura en el interior, por eso, al soltarla, se forma una pequeña nube dentro. El humo de la cerilla ayuda a la condensación del vapor de agua que surge del agua tibia.

¿Por qué llueve?

La formación de las nubes es el camino de subida del agua hasta la atmósfera. Pero para que se cierre el ciclo y vuelva a nosotros tiene que haber precipitaciones en forma de lluvia, nieve o granizo.

¿Cómo se forman las precipitaciones? En las nubes se acumula agua en estado gaseoso. Cuando la cantidad de agua es demasiada y le temperatura es más fría, comienza a volver a su estado líquido y cae en forma de **precipitaciones**.

Según la temperatura que haga en la superficie, las precipitaciones serán en forma de lluvia, de nieve o de granizo.

Gotitas de agua

Condensación

Evaporación

Las gotitas se unen

Lluvia

Que la fase de precipitación es la que más vemos de todas las del ciclo del agua no significa que sea la más importante. Todas son necesarias y es un proceso largo y complejo, por eso es fundamental cuidar nuestros ríos y mares y ahorrar agua en casa.

Lluvia
dentro de casa

5 minutos de preparación

Atención

Cuidado con el agua caliente, no te quemes.

Necesitas

- Un vaso de cristal transparente
- Un plato pequeño
- Agua caliente
- Hielo

15 minutos de observación

01

Calienta agua poco a poco sin que llegue a hervir.

02

Llena el vaso de cristal hasta 3/4 partes con el agua caliente.

03

A continuación, tapa el vaso con el plato pequeño.

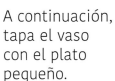

04

Coloca con cuidado varios cubos de hielo sobre el plato pequeño.

05

Observa cómo se condensa y precipita el agua en forma de lluvia.

¿Qué está pasando?

El agua tibia comienza a evaporarse y se condensa en el plato de postre. Los hielos sobre el plato hacen que el vapor de agua se enfríe rápidamente. Este choque de temperaturas hace que el agua se condense y empiece a gotear como si fuera lluvia.

El cauce de los ríos

Los ríos son importantes no solo por transportar agua hasta los mares y océanos, sino también por dar cobijo a numerosas especies de animales y plantas, que se multiplican gracias a la riqueza de su cauce y sus riberas.

Los cauces de los ríos suelen ser zonas fértiles donde crecen muy bien las distintas especies de plantas y árboles y, además, son un elemento más del paisaje.

El cauce es el transcurso que sigue el agua de un río y va dejando una zona del suelo marcada por la **erosión.**

Cuando vamos por el campo podemos distinguir los cauces de los ríos por el curso del agua, pero muchas veces sabemos reconocerlo, aunque el río esté seco.

El agua y las rocas que arrastra van erosionando, desgastando, el suelo. Así es como los ríos dejan su huella marcada allá por donde pasan.

Nacimiento del río

Cauce del río

Océano

Crea los surcos de un río

30 minutos de preparación

Consejo

Puedes ayudarte a echar el agua con una botella pequeña.

Necesitas

- Una tabla de madera o cartón duro
- Una cartulina
- Arena
- Agua
- Piedras pequeñas
- Pegamento

01 Pega la cartulina sobre el cartón duro o la madera y dobla sus bordes formando una caja.

02 Llena la superficie de la cartulina con arena y coloca las piedras por la arena como quieras. Los bordes te ayudarán a que no se derrame.

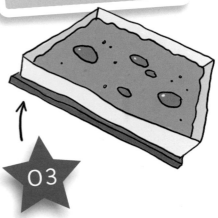

03 Inclina un poco el cartón o la madera, como si fuera una pequeña cuesta.

¿Qué está pasando?

El agua al caer arrastra poco a poco los granos de arena, aumentando su capacidad de erosión. Al deslizarse por la pendiente crea un surco como el de un río, cuyos cauces cambian si colocas obstáculos o si añades más agua.

04 Echa el agua poco a poco sobre la arena por la parte más elevada de la superficie.

05 Observa cómo se forma el surco de un río sobre la arena. ¿Qué ocurre con las piedras?

Las corrientes submarinas

Aunque lo parezca, el agua de los mares y océanos no está quieta. En realidad, se mueve casi como si fuera una autopista, siguiendo un circuito que recorre todo el mundo a través de las corrientes.

Las corrientes marinas se generan porque no toda el agua está a la misma temperatura. Si el agua se calienta tiende a subir y cuando se enfría baja. Esto hace que las corrientes sigan movimientos de subida y bajada a medida que se van enfriando y calentando, como si fueran las subidas y bajadas de una montaña rusa.

Corrientes marinas

Las corrientes submarinas son muy importantes porque ayudan a mantener la temperatura de la Tierra gracias a ese movimiento de agua fría y caliente, que permite conectar diferentes franjas climáticas y que generan un clima más o menos fijo en determinadas regiones.

Agua caliente

Agua fría

Agua que sube y baja

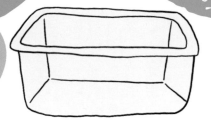

☠ **Atención**

Cuidado con el agua caliente, no te quemes.

Necesitas

- Un molde de cubos de hielo
- Dos vasos
- Una cuchara
- Agua
- Un recipiente transparente profundo y amplio
- Colorante alimenticio azul y rojo
- Una jeringuilla sin aguja

⧗ **1 día de preparación**

⧗ **10 minutos de realización**

01

Llena un vaso con agua y añade colorante azul. Mézclalo con la cuchara y rellena el molde de hielo. Congélalo durante al menos un día.

02

Calienta agua hasta que esté casi hirviendo y mézclala con cuidado en un vaso con el colorante rojo.

03

Llena más de la mitad del recipiente con agua del grifo.

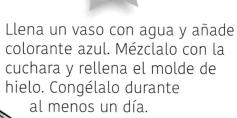

04

Coloca varios de los cubos de hielo azul flotando a uno de los lados del recipiente.

05

Rellena la jeringuilla de agua caliente roja y échala en el recipiente en el extremo contrario a donde está el hielo.

06

Observa cómo se mueve el agua de colores.

¿Qué está pasando?

A medida que el hielo se derrite puedes ver cómo el agua azul va bajando porque está más fría que el agua del recipiente. Con el agua roja pasa lo contrario: se queda en la superficie porque está más caliente.

¿Qué pasa cuando se derriten los glaciares?

El cambio climático hace que cada vez suba más la temperatura de la Tierra y que se derrita el hielo marino, como el de los icebergs, y el de los glaciares, que es hielo que está sobre suelo de manera permanente. Que se derritan es un problema, por ejemplo, porque cambian las corrientes oceánicas, pero no tienen la misma gravedad.

Un iceberg es una masa de hielo que flota en el océano. Si se derrite, el nivel del mar no cambia, ya que el agua en forma sólida de hielo y el agua líquida derretida ocupan el mismo espacio, según el Principio de Arquímedes. Seguro que en alguna ocasión lo has comprobado, como cuando se derrite un hielo en un vaso de agua, ¿a que no se desborda?

Sin embargo, sí tenemos un problema cuando se derriten los glaciares. El agua pasa de estar en forma de hielo sobre la superficie terrestre (como en el esquema donde se observa las partes de la Tierra donde el agua se encuentra en estado sólido) a estar derretida en el océano, así que sube el nivel del mar.

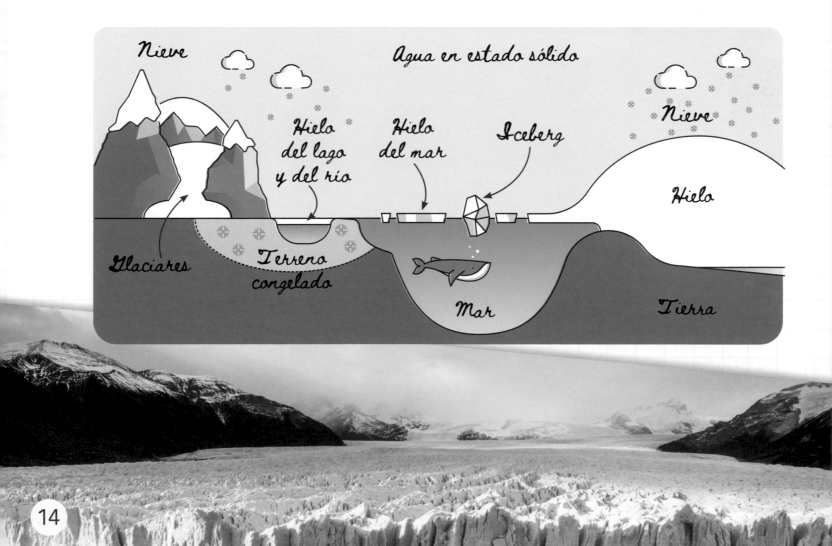

El nivel del mar

30 minutos de observación

15 minutos de preparación

Necesitas

- Dos recipientes hondos
- Palillos de dientes
- Plastilina
- Cuatro cubitos de hielo
- Film transparente de cocina
- Agua

01

Moldea la plastilina y colócala como una isla al fondo de cada recipiente.

02

Llena los recipientes de agua sin que cubra toda la plastilina.

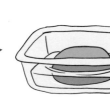

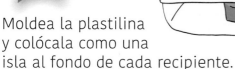

03

En una de las fuentes, introduce dos cubitos de hielo en el agua, marca con palillos sobre la plastilina hasta dónde llega el agua.

04

En la otra, coloca dos cubitos de hielo sobre la plastilina, sin que toque el agua, y marca con palillos hasta dónde llega el agua.

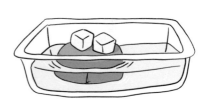

05

Cubre las dos fuentes con un film de plástico para que no se evapore el agua y espera a que se derritan los hielos.

¿Qué está pasando?

En la primera fuente el hielo se ha derretido y el nivel del agua no ha cambiado, mientras que en la segunda sí. Esto ocurre en nuestro planeta: en el Polo Norte el hielo está sobre el océano y si se derrite no varía el nivel del mar, pero en el Polo Sur el hielo está sobre la Antártida en superficie, así que, si se derrite, aumenta la cantidad de agua en el océano.

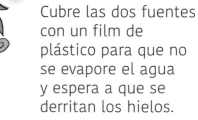

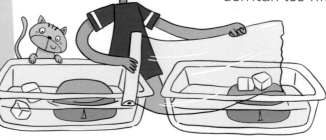

15

¿Por qué flotamos en el mar?

Seguramente muchas veces has jugado en la playa a flotar en el agua del mar. Pero, ¿sabes si cuesta más flotar en el agua salada o en agua dulce? La respuesta es que en el mar resulta mucho más fácil flotar y se debe a la densidad.

La densidad es una propiedad física que tienen todas las sustancias, incluida el agua, y que está relacionada con la masa y el volumen.

Por ejemplo, un kilogramo de hierro ocupa mucho menos espacio o volumen que un kilogramo de paja porque el hierro es mucho más denso, ya que la densidad es la propiedad que permite medir la ligereza o pesadez de una sustancia.

Una de las cosas que afecta a la densidad del agua es la cantidad de sal que tenga, lo que significa que cuanta más cantidad de sal, mayor es su densidad. Esto hace que los objetos floten más en el mar que en un lago o una piscina.

Dos objetos con el mismo volumen pueden tener pesos distintos debido a su densidad

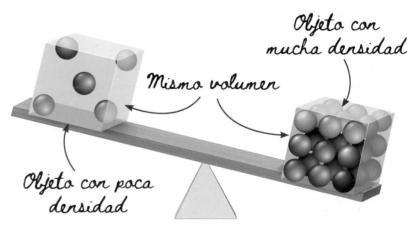

Objeto con mucha densidad

Mismo volumen

Objeto con poca densidad

El huevo flotante

Necesitas

- Una cuchara pequeña
- Tres vasos
- Agua
- Tres huevos
- Sal fina

10 minutos de preparación

01

Llena de agua del grifo dos de los vasos que vas a utilizar en este experimento.

02

En uno de ellos añade cinco cucharadas de sal y remueve hasta que se diluya totalmente.

03

Sumerge un huevo en cada vaso y observa. ¿Cuál flota?

04

Con cuidado para que no se rompa, introduce el tercer huevo en un vaso vacío y cúbrelo con agua del grifo.

05

Ve añadiendo con cuidado agua con sal en el tercer vaso y observa lo que sucede con el huevo. ¡Sorpresa! Pronto llega a la superficie.

¿Qué está pasando?

Al añadir sal al agua modificamos su densidad, lo que favorece que el huevo flote más que en el agua dulce. En el caso del tercer vaso, lo que observamos es cómo el huevo va subiendo a medida que vamos añadiendo el agua salada al vaso.

En la playa: agua fría y arena caliente

¿Alguna vez te has quemado los pies andando por la arena y al meterlos en el mar el agua estaba fría y fresca? Aunque se exponen a los mismos rayos de Sol, la arena y el agua de la playa no tienen la misma temperatura.

Los elementos absorben y pasan energía y calor de diferente forma, y cada uno es capaz de regular su temperatura de manera distinta. El agua absorbe mucho calor sin que su temperatura suba, pero la arena no.

A veces tienes que caminar de puntillas por la arena para no quemarte. Es una sensación parecida a cuando te subes a un tobogán que ha estado expuesto al sol: los metales, al igual que la arena absorben muy rápido el calor.

Así, si tenemos mucho calor en la arena y nos metemos en el agua, el calor de nuestro cuerpo lo absorbe el agua y nos sentimos mejor, pero en la orilla a nuestro cuerpo le cuesta pasar el calor hacia el aire y nos quemamos. El aire se pone muy caliente en poco tiempo.

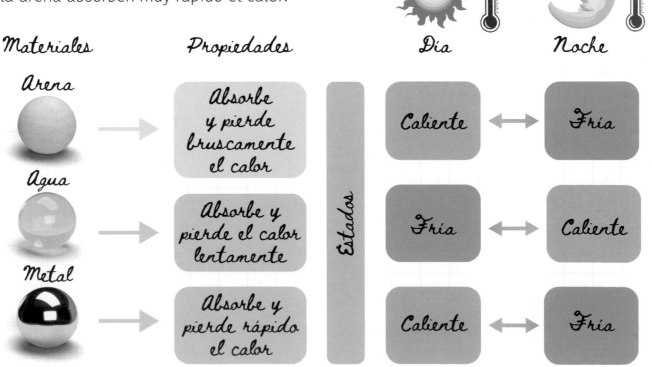

El globo que no explota

Necesitas

- Tres globos
- Agua fría
- Un mechero
- Una vela

15 minutos de preparación

Consejo

Haz el experimento sobre una superficie que se pueda mojar y lejos de objetos inflamables.

⭐ **01**

Infla cada globo: uno con aire, otro con agua fría y uno mitad y mitad. Ensancha tus pulmones y sopla, sopla y sopla. ¡Ánimo!

Atención

No uses el mechero y la vela sin la supervisión de una persona adulta.

⭐ **02**

Pide a un adulto que encienda la vela o intenta hacerlo tú con mucho cuidado.

⭐ **03**

Acerca el globo lleno de aire a la vela. ¡Explotará rápidamente!

⭐ **04**

Acerca el globo con agua a la vela unos segundos, poco a poco.

⭐ **05**

Prueba a acercar el tercer globo por la parte de agua y por la de aire, la reacción es distinta por cada lado.

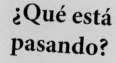

¿Qué está pasando?

El globo lleno de aire tarda muy poco en explotar porque recoge el calor rápidamente. El globo lleno de agua resiste mucho más porque el agua de su interior necesita absorber mucho más calor e impide al fuego quemar el globo.

Hundiendo el submarino

Los submarinos son barcos que navegan debajo del agua. Para sumergirse y cambiar la altura a la que navegan deben cambiar su peso y su capacidad de flotar gracias a unos tanques, según dos principios físicos: los principios de Arquímedes y Pascal.

Cuando los submarinos están en la superficie sus tanques están llenos de aire, haciendo que el peso del submarino y el empuje hacia arriba sea el mismo, por eso flota. Para sumergirse deben aumentar su peso llenando sus tanques con agua, para que su peso sea mayor que el empuje. Si quieren volver a subir, inyectan aire a presión en sus tanques y vuelven a reducir su peso. ¡Es un juego de compuertas y presión!

El principio de Arquímedes

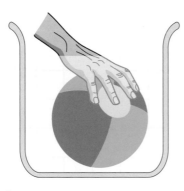

Cuando algo se sumerge en un fluido sufre un empuje vertical hacia arriba, como si tiraran de él.

El principio de Pascal

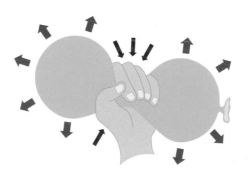

Si aplicamos presión en un fluido encerrado todos los puntos recibirán esa presión, no solo donde se presiona.

Comprueba… ¿Qué pasará?

Al apretar la botella, el fantasma comienza a bajar y si soltamos vuelve arriba rápidamente. El fantasma flota porque su peso y la fuerza de empuje del agua están en equilibrio. Al apretar hacemos presión y el agua entra en el interior del dedo, aumentando su peso y haciendo que se hunda. Al dejar de apretar, el agua de su interior sale, pierde peso y asciende, equilibrando las fuerzas.

El fantasma de la botella

Necesitas

- Agua
- Un guante de látex
- Unas tijeras
- Una arandela metálica pequeña
- Un rotulador negro permanente
- Una botella de plástico con tapón

⏳ **10 minutos de preparación**

Atención

¡Cuidado con las tijeras!

Consejo

Dibuja una diana en un papel y colócala alrededor de media botella para jugar a parar el fantasma.

01 Crea tu fantasma: recorta la punta de un dedo del guante y dibújale ojos y boca con el rotulador permanente.

02 Introduce la arandela dentro del fantasma en su parte inferior. Puedes engancharla en el borde o pegarla con pegamento.

03 Con una jarra y mucho cuidado, llena la botella de agua hasta arriba.

04 Introduce el fantasma dentro de la botella. Debe quedar solo un poco de aire dentro de él y que flote, así que pellízcalo para sacar el aire.

05 A continuación, con el fantasma sumergido, cierra la botella con el tapón.

06 Observa qué ocurre al apretar y soltar la botella. ¡Es divertido!

Orientación con la brújula

Desde hace miles de años el ser humano ha utilizado el magnetismo de la Tierra para la navegación. La Tierra es como un imán gigante, que tiene polo norte y polo sur y genera un campo magnético a su alrededor, aunque un poco débil. Así, cualquiera que navegue puede utilizar una herramienta para orientarse: la brújula.

Una brújula es un práctico instrumento que nos ayuda a orientarnos gracias a que su aguja está imantada, así que siempre apunta hacia el norte magnético terrestre. Además, nos indica los puntos cardinales: norte, sur, este y oeste; y nos ayuda a saber dónde estamos o hacia dónde debemos ir.

Aunque puede parecer que la brújula está siendo reemplazada por sistemas de navegación más precisos como el GPS, todavía es común en

Norte

Noroeste

Noreste

Oeste

Este

Suroeste

Sureste

Sur

actividades de montaña, navegando en barcos, o cuando no hay acceso a dispositivos y aparatos electrónicos.

Crea una *brújula* casera

Necesitas

- Una aguja larga
- Un imán
- Un corcho de una botella
- Un cúter
- Un recipiente redondo
- Agua

15 minutos de preparación

Atención

Cuidado con la aguja y con el cúter, no te pinches y ten cuidado al cortar el corcho.

01

Corta el corcho haciendo un disco de 1 o 2 centímetros.

Frota como mínimo 50 veces la aguja con el imán siempre en la misma dirección. Así la hemos convertido en un imán temporal que pasado un tiempo, dejará de funcionar.

02

03

Atraviesa con cuidado el corcho con la aguja de lado a lado.

04

Con ayuda de la jarra, llena el recipiente con agua hasta la mitad.

05

Procura que el recipiente no esté inclinado y coloca el corcho y la aguja en el centro del plato.

06

Déjalo flotar y observa el resultado final. ¿Hacia dónde apunta la aguja? ¿Qué pasa si la movemos con el dedo o le acercamos el imán?

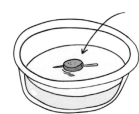

¿Qué está pasando?

La aguja marca la línea Norte-Sur. El corcho nos ayuda a que la aguja flote y se mueva libre por el agua. Si acercamos el imán, girará porque se siente atraída por él y su campo magnético es más fuerte que el de la Tierra.

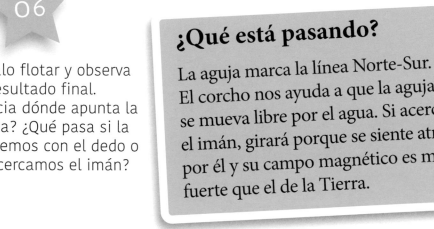

En la nieve nos quemamos: el efecto albedo

Cuando hablamos de tener cuidado con quemarnos la piel solemos pensar en el verano, en la playa o en la piscina, pero no solo podemos quemarnos en esas situaciones.

Es la luz del sol o la radiación solar la que nos puede quemar en cualquier sitio y época del año. Por eso es importante proteger siempre nuestra piel. Pero hay un sitio donde corremos especial riesgo: en la nieve.

Cuando estamos en la nieve en invierno la temperatura es muy baja, por eso la nieve no se derrite, pero corremos el riesgo de quemarnos la piel, además de por la propia radiación, por culpa del efecto albedo.

El efecto albedo se produce cuando los rayos del sol rebotan en la nieve. La nieve, al ser blanca, tiene la capacidad de reflejar la mayor parte de la radiación solar, lo que hace que funcione como una especie de espejo. Por eso es importante llevar gafas de sol y usar protección solar para evitar que los rayos de sol reflejados nos provoquen quemaduras. Las superficies claras, como la nieve, tienen sus valores de albedo superiores a las oscuras.

Efecto albedo

Ceras que se derriten

15 minutos de preparación

3 horas de observación

Necesitas

- Una cartulina blanca
- Ceras de varios colores: claros y oscuros
- Cinta adhesiva o pegamento

01

Sobre una superficie firme, coloca la cartulina blanca y en el centro de la cartulina pega con cinta o pegamento las ceras de colores ordenadas desde las más oscuras a las más claras.

02

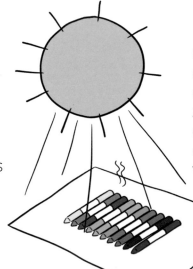

Coloca la cartulina con las ceras de colores en una zona donde le dé la luz del sol directa durante varias horas.

¿Qué está pasando?

Al igual que con la nieve, la cartulina blanca refleja la luz del sol y es lo mismo que ocurre con el resto de los colores: cuanto más claros sean, más reflejan la luz solar y cuanto más oscuros, más cantidad de luz absorben. Por eso las ceras oscuras se derriten antes que las que tienen un color más claro. Estar sobre una superficie blanca hace que se acelere el proceso.

03

Vas a comprobar el efecto del Sol. Para asegurarte y no perderte nada, observa cada 15 minutos lo que sucede con tus ceras.

25

¿Qué es el efecto invernadero?

La Tierra tiene una capa alrededor que la protege: la atmósfera. Gracias a ella, los rayos de Sol entran y salen de una manera suave y natural, permitiendo que la temperatura en la Tierra se regule.

Sin embargo, hay gases de efecto invernadero, como el dióxido de carbono o el metano, que hacen de espejo reflejando los rayos de Sol y dejándolos atrapados. Esos rayos siguen calentando y subiendo la temperatura, provocando el efecto invernadero.

¿Por qué se le llama así? Un invernadero es un lugar cerrado con un techo de plástico o cristal donde se cultivan plantas. Esta tapa sirve para que entren los rayos solares pero el calor se quede atrapado dentro, haciendo que suba la temperatura y que las plantas puedan crecer a gusto, porque las condiciones de estabilidad térmica favorecen su desarrollo.

Aunque es un proceso natural, las actividades del ser humano expulsan muchos más de estos gases, agravando el efecto y haciendo que la temperatura suba más.

Sol

La luz del Sol es reflejada por la atmósfera

Los gases de efecto invernadero atrapan el calor

Rayos reflejados

Rayos absorbidos

Actividad humana

¿Qué **chocolate** *se derrite*

más rápido?

Necesitas

- Tres vasos pequeños de cristal
- Dos vasos de cristal grandes
- Tres platos
- Tres onzas de chocolate
- Agua del grifo
- Agua carbonatada o bicarbonato

Consejo

Si no tienes agua con gas o carbonatada, puedes disolver un poco de bicarbonato en un vaso de agua.

5 minutos de preparación

20 minutos de observación

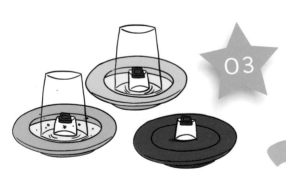

01 Coloca los tres platos en una zona soleada y vierte sobre uno de ellos un poco de agua del grifo y sobre otro el agua carbonatada.

02 Coloca en cada plato un vaso pequeño boca abajo con una onza de chocolate encima.

03 Tapa los vasos pequeños con los grandes solamente en los dos platos que tienen agua.

04 Espera 20 minutos. ¿Qué onza se ha derretido más rápido?

¿Qué está pasando?

El chocolate que se ha derretido antes es el del agua carbonatada (con gas), luego el del agua normal y por último el que no tenía cubierta de cristal. Al cubrir con un cristal, la temperatura sube debido al efecto invernadero.

¿Cómo se forma un arcoíris?

A veces en los días de lluvia también se forman fenómenos bonitos. Cuando las nubes se apaciguan, podemos ver un hermoso y colorido fenómeno llamado arcoíris. Es un fenómeno óptico y meteorológico por el que aparece en el cielo un arco de luz con muchos colores.

El ser humano no puede ver los rayos de luz, pero nuestro ojo sí es capaz de percibir su espectro visible: los colores. La luz blanca o la luz del sol está formada por diferentes colores: rojo, naranja, amarillo, verde, cian, azul y violeta. Cuando los rayos atraviesan un prisma, se produce un fenómeno llamado **refracción** que hace que se descomponga y podamos ver todos estos colores.

Luz blanca

Refracción de la luz

Espectro de la luz (los colores)

Prisma

Gotitas de agua

En el caso del **arcoíris**, cada pequeña gota de lluvia funciona como un prisma que refracta la luz y refleja en nuestros ojos. Así, los días de lluvia y sol vemos los arcoíris con mayor frecuencia, que pueden llegar a ser dobles en ocasiones.

Luz del sol

Espectro de la luz

Gota de agua

Un arcoíris
dentro de tu casa

Necesitas

- Agua
- Una hoja de papel blanca o una pared blanca
- Un recipiente
- Un espejo más pequeño que el recipiente
- Una linterna

5 minutos de preparación

Consejo

Haz el experimento en una habitación a oscuras para ver mejor el resultado.

01 Con ayuda de una jarra, llena el recipiente con agua.

02 Sumerge la mitad del espejo en un extremo del recipiente.

03 Coloca la hoja blanca en el otro extremo o dirige el recipiente hacia la pared blanca.

04 Enciende la linterna frente al espejo.

¿Qué está pasando?

Cuando la luz incide sobre el agua, hace que se descomponga. El espejo nos sirve para reflejar el arcoíris en la hoja de papel.

05 Observa el reflejo que se proyecta y mueve el espejo hasta que aparezca el arcoíris.

Refracción
de la luz

Seguramente hayas oído hablar alguna vez de la velocidad de la luz, o al menos, sabrás que viaja muy rápido. En concreto, la luz viaja de media a unos 300 000 kilómetros por segundo. Pero este es un valor medio, porque en realidad, la luz no viaja a la misma velocidad en todos los medios.

¿Alguna vez has intentado correr dentro del agua? Resulta más difícil y siempre nos movemos más despacio que cuando estamos fuera de ella, es decir, al aire. Pues a la luz le sucede lo mismo: viaja más deprisa por el aire de lo que lo hace por el agua. Este cambio de velocidad brusco que sufre la luz al pasar del aire al agua hace que provoque una especie de «frenazo» y, como consecuencia hace que la trayectoria de los rayos de luz se desvíe. Este fenómeno es lo que conocemos como la **refracción**, que también se produce cuando la luz atraviesa capas de aire a distinta temperatura.

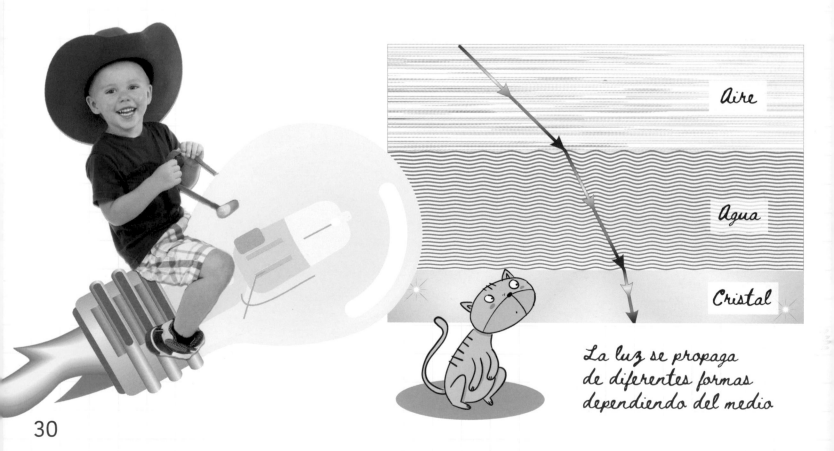

Aire

Agua

Cristal

La luz se propaga de diferentes formas dependiendo del medio

El lápiz roto

5 minutos de preparación

Necesitas

- Dos vasos de plástico o cristal transparente
- Dos lápices
- Agua

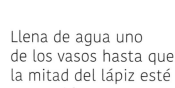

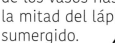

01

Elige dos de tus lápices de diferente color y coloca uno en cada vaso.

Llena de agua uno de los vasos hasta que la mitad del lápiz esté sumergido.

02

03

Observa lo que sucede al mirar el vaso. ¿Qué le pasa al lápiz?

04

Ahora, vamos a comprobar otro efecto: llena poco a poco el vaso vacío por completo para comparar los resultados.

¿Qué está pasando?

La luz cambia su velocidad al pasar del aire al agua. Esto provoca una desviación de los rayos de luz que deforman y desplazan un poco la imagen: el lápiz parece roto. A medida que llenamos el vaso vemos como este efecto va subiendo y que el lápiz siempre parece romperse en el punto donde se unen el aire y el agua. Si sumergimos el lápiz completamente en el agua, el efecto desaparece.

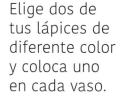

Tornados y remolinos

Si las condiciones atmosféricas son las adecuadas, podemos ver vórtices en la naturaleza: tornados, huracanes, torbellinos o remolinos.
Los vórtices son rotaciones en espiral de corrientes de aire o agua que pueden llegar a ser muy peligrosos en la naturaleza, pero también muy bonitos.

Un tornado es una columna de aire que gira muy rápido y es muy destructiva, se traga todo lo que encuentra a su paso. Se produce cuando aire frío a gran altura choca con aire caliente de la superficie. Este choque provoca que el aire empiece a rotar a gran intensidad.

La base del tornado es un embudo que comienza pegado al suelo y va creciendo hacia arriba. Su tamaño depende de la velocidad del viento y la temperatura y la humedad.

Esto también puede suceder en el agua, donde los remolinos marinos giran rápidamente sobre sí mismos, como cuando quitas el tapón de la bañera llena de agua.

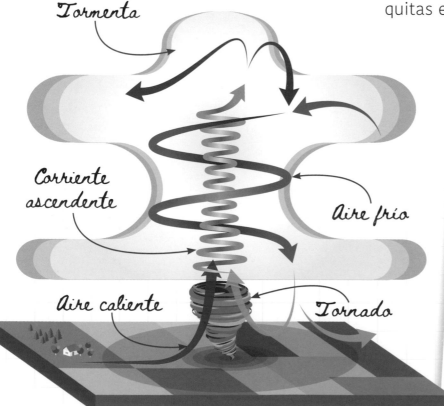

Tormenta

Corriente ascendente

Aire frío

Aire caliente

Tornado

Comprueba... ¿Qué pasará?

Al principio, cuando giras las botellas, el agua casi no cae porque el aire hace presión, como un tapón. Cuando empiezas a girarlas se forma un vórtice, haciendo que la de arriba se vacíe y se llene la de abajo lentamente. Este vórtice tiene un agujero por el que va pasando el aire, equilibrando la presión entre ambas botellas y haciendo que el agua caiga más rápido.

Un vórtice entre dos botellas

Necesitas

- Dos botellas de plástico del mismo tamaño
- Trozos de papel de colores
- Cinta adhesiva aislante
- Agua

01 Llena una de las botellas con agua hasta tres partes de su capacidad e introduce los trozos de papel de colores.

02 Une las dos botellas por la boquilla y fíjalas con cinta aislante. Asegúrate de que no se separen ni se escape agua por la unión.

03 Coloca las botellas sobre una superficie plana, manteniendo en la base la que tiene agua.

04 Sujeta las botellas con firmeza y muévelas rápidamente en pequeños círculos diez veces.

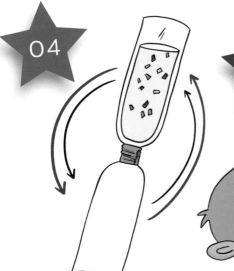

05 Gira las botellas de golpe con la llena de agua en la parte superior de la unión.

06 Colócala sobre la superficie plana y observa cómo cae el agua. Se ha producido un remolino en el agua.

¿Cómo se transmite el sonido?

El sonido es una vibración que viaja en ondas. Por ejemplo, cuando hablamos, las ondas del sonido de nuestra voz se transmiten por el aire por vibraciones que nuestro oído recibe y nuestro cerebro interpreta.

El aire está compuesto por millones de partículas pequeñas que vibran cuando una onda, como el sonido, choca con ellas. Esto se va transmitiendo de unas a otras, chocando entre ellas en un efecto dominó, hasta que llegan a algún receptor, como nuestro oído.

El ser humano puede oír solo un rango del sonido, pero hay animales como los perros o los gatos, que oyen sonidos mucho más agudos, o bien las ballenas, que lo hacen mucho más grave.

El sonido viaja bien por el aire, pero mucho mejor por el agua, también a través del vidrio, pero nunca puede propagarse en el vacío. Las ballenas y delfines son muy conocidos por comunicarse muy bien bajo el agua, incluso pueden oírse sus llamadas a kilómetros de distancia.

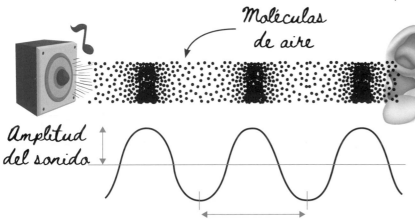

Moléculas de aire

Amplitud del sonido

Frecuencia del sonido

Granos que bailan

Necesitas

- Un recipiente grande
- Plástico film transparente
- Una cuchara
- Azúcar

5 minutos de preparación

01 Cubre el recipiente con film transparente hasta que quede muy tenso, como un tambor.

02 Coloca una cucharada de azúcar sobre el film. El baile estará asegurado.

03 Cúbrete la boca con las manos, acércate al recipiente y haz un sonido grave.

04 Prueba a repetir el experimento haciendo sonido con diferentes cosas o introduciendo un altavoz con música dentro del recipiente.

¿Qué está pasando?

¡Los granos se mueven solos! Las ondas del sonido de nuestra voz chocan con el plástico haciendo que vibre. Como los granos de azúcar son tan ligeros, vemos cómo el film los hace moverse arriba y abajo. Nos tapamos la boca para que no sea el aire de nuestros pulmones el que mueve los granos.

¿Cómo suena el aire?

¿Cómo imitarías el sonido del viento? ¿Alguna vez te has preguntado por qué suena así?

El sonido, de cualquier tipo, se produce cuando un objeto provoca una vibración. Esta vibración se traslada a través de las partículas que hay en el aire y llega a nuestros oídos, haciendo que seamos capaces de escucharlo. Es un efecto similar a cuando tiramos una piedra al agua y vemos las ondas que se generan.

Con el viento ocurre algo parecido: las corrientes de aire hacen vibrar los objetos con los que choca, incluidas las partículas de polvo que arrastre. Eso hace que, si el viento pasa por una zona estrecha o choca con algún objeto, se produzca ese sonido del viento. De hecho, el viento suena diferente según por dónde pase: no sonará igual en la playa que en la montaña, en un acantilado o entre dos paredes de rocas.

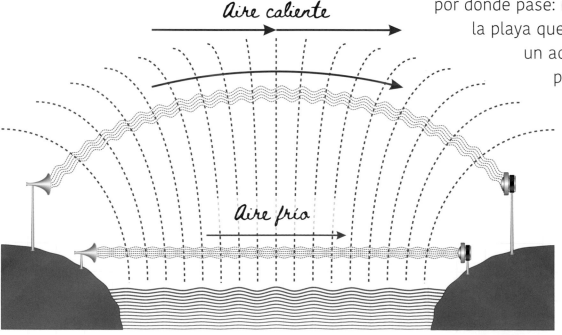

Aire caliente

Aire frío

El sonido viaja más rápido en el aire caliente que en el frío

Comprueba ... ¿Que pasará?   Al soplar estamos generando una corriente de aire que hace vibrar tanto la superficie del agua como el aire contenido en la botella. Por eso, en función a la cantidad de aire, agua, la forma de la botella y el material (plástico, vidrio, etc.), el sonido que produce será distinto, dándonos en cada caso una nota diferente.

Música con el viento

15 minutos de preparación

Consejo

Puedes usar colorante alimenticio de colores para añadirlo al agua y distinguir las botellas según hagan sonidos más agudos o graves.

Necesitas

- Varias botellas de agua de distinto tamaño y forma
- Agua

01

Vierte cantidades de agua diferentes en cada una de las botellas. Tu orquesta tendrá todo al servicio de la música.

02

Acércate el borde de la botella a los labios y sopla suave hasta que consigas una nota.

03

Ve probando con las distintas botellas viendo qué tipo de sonidos hace cada una.

04

Como buen director, ordena las botellas según el sonido que hacen y tendrás tu propia armónica de botellas.

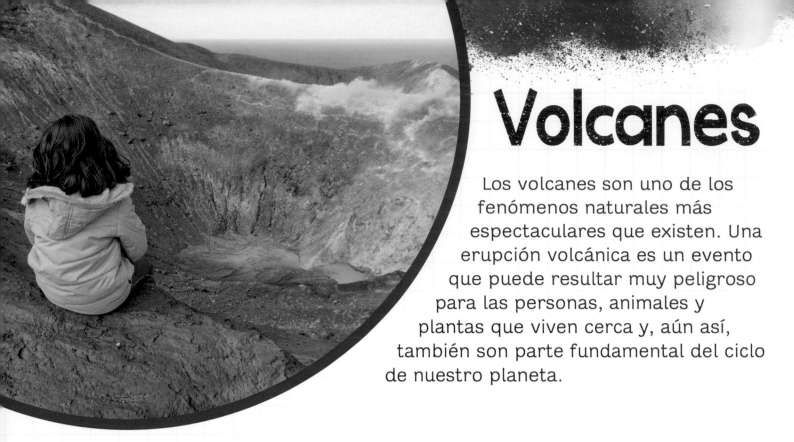

Volcanes

Los volcanes son uno de los fenómenos naturales más espectaculares que existen. Una erupción volcánica es un evento que puede resultar muy peligroso para las personas, animales y plantas que viven cerca y, aún así, también son parte fundamental del ciclo de nuestro planeta.

Muchas de las islas que conocemos hoy en día se han formado gracias a estas erupciones, como Hawái (Estados Unidos), las Islas Canarias (España) o Bali (Indonesia).

El origen de estas erupciones se encuentra en el interior de la Tierra. El planeta está formado por varias capas, desde el núcleo hasta la corteza, donde vivimos nosotros, y entre ellas se encuentra el manto.

En el manto, bajo la corteza, se encuentra el magma, que son rocas fundidas por el efecto del calor. Cuando el magma se calienta demasiado tiene que salir a la corteza y lo hace a través de los volcanes, provocando las erupciones.

Una erupción volcánica es la expulsión del magma en forma de lava y suele ir acompañada también de gases y fragmentos de roca de distinto tamaño.

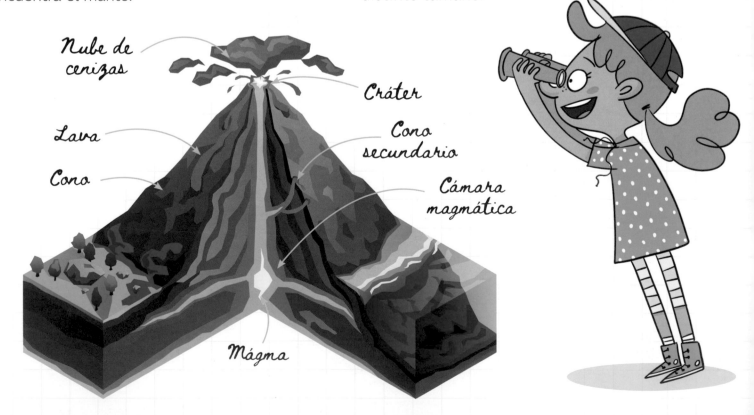

Nube de cerizas

Lava

Cono

Cráter

Cono secundario

Cámara magmática

Mágma

Necesitas

- Arcilla para modelar
- Un vaso de plástico
- Témperas de colores
- Pinceles
- Colorante rojo
- Bicarbonato sódico
- Detergente líquido
- Vinagre
- Papel de periódico
- Un cartón

Haz un **volcán** casero

Consejo

Asegúrate de que el volcán tiene una buena base que lo haga estable y no se caiga.

10 minutos de realización

1 día de preparación

01 Coloca el vaso de plástico sobre el cartón, que será la base del volcán.

02 Moldea la arcilla con forma de volcán alrededor del vaso sin taparlo y píntalo.

03 Cuando esté seco, colócalo sobre papel de periódico para evitar manchar.

04 Llena un cuarto del vaso con bicarbonato y otro cuarto con detergente líquido.

05 Incorpora el colorante. Cuanto más añadas, más roja será la mezcla.

06 Mézclalo todo con la ayuda de una cuchara. Si no se ha disuelto bien el bicarbonato añade un poco de agua. Añade un chorro de vinagre a la mezcla para provocar la erupción.

¿Qué está pasando?

El vinagre es un ácido que reacciona con el bicarbonato provocando la formación de burbujas de manera muy rápida. El detergente ayuda a que haya más espuma aún, haciendo la erupción más espectacular.

Fluidos «muy especiales»

Los líquidos, como el agua, y los gases, como el oxígeno que respiramos, son fluidos que se adaptan tanto a la forma del recipiente donde los coloquemos como a la fuerza que le apliquemos. Esta resistencia a deformarse se llama viscosidad. Sin embargo, hay fluidos que cambian su viscosidad (consistencia) según las condiciones. Los llamamos «fluidos no newtonianos».

La viscosidad de estos fluidos varía según la fuerza y temperatura que le apliquemos. Así, si le aplicamos presión, aumenta su viscosidad y se vuelve duro porque sus partículas se unen para hacerse más resistentes. Pero si las tocamos sin aplicar presión, se comportan como un líquido.

Esto pasa, por ejemplo, con las arenas movedizas. Seguro lo has visto en muchas películas: personas completamente atrapadas en ellas, aunque eso es pura ficción. La realidad es que las arenas movedizas están compuestas de arena y agua y son fluidos no newtonianos: si hacemos movimientos bruscos, se volverán rígidas y nos atraparán más. Si tratamos de salir poco a poco, lograremos escapar.

La mezcla se estratifica en distintas capas dependiendo de los materiales disueltos

Líquido

Sólido

Disolución

Necesitas

- Medio vaso de agua
- Un vaso de harina de maíz
- Un recipiente grande
- Una varilla de mezclar
- Un objeto pesado y pequeño

Cómo salir de arenas movedizas

15 minutos de preparación

Atención

Cuando termines de jugar, no tires la mezcla por el desagüe, porque puede atascar las tuberías. Tírala a la basura en una bolsa.

Echa toda la harina en el recipiente grande donde vamos a hacer la mezcla.

 01

 02

Vierte poco a poco el agua sobre la harina mientras mezclas lentamente con la varilla. Cuando consigas una mezcla viscosa, puedes empezar a observar y jugar.

03 Mete la mano lentamente en el recipiente y luego intenta sacarla rápido.

04

Intenta hacer una pelota con la mezcla y luego déjala sobre tu mano.

¿Qué está pasando?

Si haces presión sobre la mezcla se vuelve rígida, pero si la tocas con suavidad se comporta como un líquido. Si quieres salir de las arenas movedizas, ¡hazlo lentamente!

05

Golpea la mezcla con mucha y poca fuerza para notar la diferencia.

Tira algo pequeño y pesado sobre la mezcla.

06

Las rocas de las cuevas

Seguro que alguna vez has entrado en una cueva y te han impresionado las grandes rocas que cubren sus techos y suelos.

Estas rocas en forma de conos se forman por la caída de agua gota a gota, que al evaporarse, van depositando sus minerales poco a poco.

De esta manera, las **estalactitas** en el techo y las **estalagmitas** en el suelo «crecen» añadiendo capas a su alrededor. Esto nos puede ayudar a averiguar la edad y características de las cuevas: si llovió más o menos, si se inundó, si hubo sequía... ¡Como los anillos de un árbol!

Aquí intervienen varios procesos:

Precipitación: cada gota de agua arrastra minerales que se depositan o precipitan cuando la gota cae.

Precipitación

Evaporación: el agua de cada gota se evapora, es decir, pasa de líquido a ser gas, y solo se quedan los restos minerales.

Evaporación

Cristalización: por fin, los minerales se convierten en sólidos formando cristales.

Cristalización

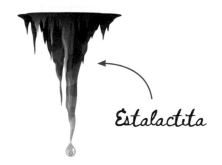
Estalactita

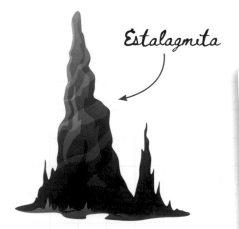
Estalagmita

Comprueba ... ¿Qué pasará?

El hilo absorbe el agua con bicarbonato, que va trepando por él. Cuando el agua se evapora por el calor y desaparece, el bicarbonato se cristaliza formando estas curiosas columnas, tal y como sucede en una cueva.

Collar de estalactitas

10 minutos de preparación

5 días de observación

Atención

Cuidado con el agua caliente.

Necesitas

- Agua caliente
- Dos recipientes de cristal transparente
- Una cuchara pequeña
- Bicarbonato sódico
- Un plato pequeño
- Hilo de estambre o hilo de lana fino
- Dos clips
- Tijeras

Consejo

Coloca el experimento en un sitio cálido.

01

Llena los dos recipientes de cristal con agua caliente.

02

Echa bicarbonato y mezcla bien con la cuchara hasta se acumule en la parte baja y no pueda disolverse más.

03

Pon el plato pequeño entre los recipientes.

04

Corta un trozo de hilo como tu antebrazo de largo. Anúdale clips en los extremos y sumerge cada extremo en uno de los botes. El hilo debe colgar llegando casi a tocar el plato.

05

Observa qué ocurre durante una semana y cómo crecen los cristales en el hilo.

Huellas y fósiles, testigos de la historia

Cuando un ser vivo deja su huella o se deposita en el suelo, diferentes capas de rocas y arenas lo cubren y presionan durante millones de años. Al pasar el tiempo, las partículas que lo han cubierto lo mineralizan convirtiéndolo en un fósil.

Los fósiles nos ayudan a conocer los animales y plantas que vivían en la Tierra hace millones de años, y su estudio nos permite conocer cómo era el mundo en el pasado y cómo hemos evolucionado.

La paleontología es la rama de la ciencia que estudia la vida en la Tierra gracias a estos restos fósiles, que les aportan mucha información tanto sobre sus características como sobre su actividad. Por ejemplo, podemos encontrar huellas de animales fosilizadas, como las de los dinosaurios, o el molde de una concha.

Si no fuera por los fósiles, nos costaría mucho conocer nuestro pasado y fechar con exactitud las capas del terreno.

Comprueba ... ¿Qué pasará?

Has creado diferentes fósiles. La naturaleza necesita condiciones especiales y miles de años para hacer fósiles, pero tú has acelerado el proceso con el yeso rápido. ¡Disfruta decorando tus fósiles!

Necesitas

- Tijeras
- Vasos desechables
- Elementos para fosilizar: hojas, flores, espina de pez, conchas, juguetes pequeños...
- Plastilina
- Yeso para manualidades
- Aceite para cocinar
- Una brocha
- Una cuchara

¡Deja tu huella!

1 hora de preparación

Consejo

Puedes utilizar también pintura y pinceles para decorar tus fósiles cuando termines el experimento.

Atención

Cuidado con las tijeras y la masa de yeso.

O1

Haz tantas bolitas de plastilina como fósiles quieras hacer, aplánalas bien y colócalas en el fondo de los vasos. Puedes cortar los vasos por la mitad para que sea más fácil.

O2

Unta la plastilina con un poco de aceite con ayuda de la brocha.

O3

Coloca los elementos que quieras fosilizar. Deja la huella, presionando el elemento sobre la plastilina y retirándolo. Deja el elemento sobre la plastilina y úntalo con un poco de aceite.

04

Prepara la mezcla del yeso según las instrucciones.

O5

Vierte la mezcla de yeso sobre cada fósil hasta que lo cubra del todo y déjalo secar durante aproximadamente 30 minutos, según las instrucciones.

06

Corta el vaso y separa con cuidado el yeso del molde de plastilina. ¡Ya tienes tu fósil!

45

¿Por qué las plantas son verdes?

Las plantas hacen la fotosíntesis para crecer y desarrollarse a través de la luz solar. Esto lo hacen gracias a la clorofila que se encuentra en sus hojas.

La clorofila es una sustancia de color verde que atrapa la luz del sol y el dióxido de carbono del aire y lo convierte en el alimento de la planta.

Además, en este proceso de **fotosíntesis** la planta expulsa oxígeno al aire. Por eso las plantas son tan importantes para un aire limpio: porque retiran el dióxido de carbono, que es un gas de efecto invernadero, y expulsan oxígeno, con el que respiramos. Sin las plantas no podríamos vivir.

Las plantas producen la clorofila cuando la temperatura es cálida y hay luz solar, por lo que en primavera y verano las plantas están más verdes.

Pero en las estaciones que los días se acortan y las noches son más largas, la producción de clorofila va disminuyendo por la carencia de luz. Esto hace que poco a poco desaparezca ese color verde y las hojas tomen un tono más amarillo o marrón tan característico del otoño.

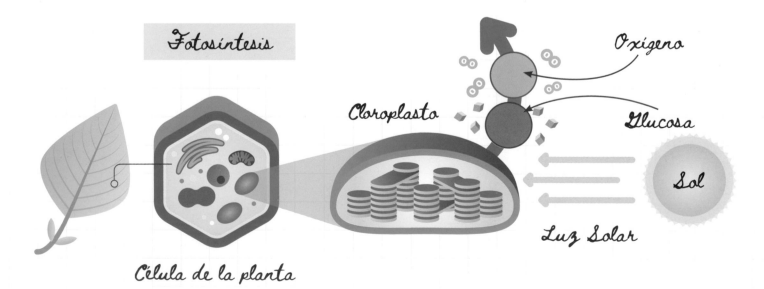

Fotosíntesis

Oxígeno

Cloroplasto

Glucosa

Sol

Luz Solar

Célula de la planta

Necesitas

- Una planta con hojas grandes
- Cartulina negra
- Tijeras
- Tres alfileres
- Agua

Atención

Cuidado con los alfileres, no te pinches.

5 minutos de preparación

1 semana de observación

Plantas con *tatuajes*

O1 Recorta en la cartulina tres estrellas pequeñas que quepan en las hojas. Puedes hacer otras formas si lo deseas.

O2 Fija las estrellas o los motivos que hayas diseñado con alfileres en tres hojas diferentes de la planta.

O3 Coloca la planta al sol durante una semana. Recuerda regarla cada tres días.

O4 Pasada una semana, retira tus diseños (estrellas, corazones, etc.) de las hojas y observa el color de la hoja.

¿Qué está pasando?

Las hojas donde estaban colocados tus diseños perdieron su color verde y pasaron a ser amarillas porque no estaban en contacto con la luz del sol, así que no pudieron producir la clorofila que las hace verdes.

Respiración de las plantas

Las plantas necesitan agua para alimentarse y sobrevivir, pero ¿qué ocurre si las regamos demasiado? Una vez que las plantas filtran y absorben la cantidad de agua que necesitan, expulsan el exceso a través de sus hojas, en pequeñas gotas que se evaporan rápidamente. Es el fenómeno que se conoce como evapotranspiración.

Las plantas, como cualquier otro ser vivo, respiran y se alimentan. Sin embargo, cuando respiran lo hacen al contrario que los seres humanos: toman el dióxido de carbono del aire y expulsan oxígeno.

Las plantas son capaces de respirar tanto de día como de noche.

Esto hace que las plantas sean una de las principales fuentes de oxígeno para que podamos respirar y limpiar el dióxido de carbono del ambiente. Por eso las plantas no solo son imprescindibles para la vida, sino que tenemos que proteger nuestros bosques que son los pulmones del planeta.

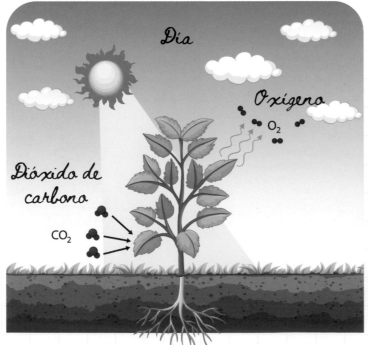

Plantas que sudan

5 minutos de preparación

3 días de observación

Necesitas

- Una planta pequeña con muchas hojas
- Una bolsa de plástico transparente
- Una gomilla elástica

01

Coloca con cuidado la planta dentro de la bolsa. Cierra la bolsa sin aplastar sus hojas y usa la gomilla para cerrarla de la manera más hermética posible.

02

Coloca la planta en el exterior y observa durante varios días su evolución. Pequeñas gotitas irán apareciendo.

03

Al tercer día, retira la bolsa y toca su interior. ¿Cómo está?

¿Qué está pasando?

La planta libera de manera constante el exceso de agua a través de sus hojas en pequeñas gotitas. Al estar aislada en la bolsa, las gotas no se evaporan y se acumulan en la superficie de las hojas y en la bolsa de plástico, aumentando su humedad.

Las setas y sus esporas

Todos los seres vivos se reproducen, pero ¿sabes cómo lo hacen las setas? Es a través de sus esporas.

Las esporas son células microscópicas, es decir, tan pequeñas que solo se pueden ver con un microscopio, que cumplen funciones distintas. Por ejemplo, algunas bacterias emiten esporas que les sirven de mecanismos de defensa.

En el caso de los hongos o setas, la función que cumplen es la de la reproducción. Las setas emiten gran cantidad de esporas que, gracias al viento, se dispersan y se trasladan hasta lugares distintos.

Cuando las esporas llegan a una zona con las condiciones adecuadas de luz, humedad y temperatura, empiezan a desarrollarse y van creciendo para formar una nueva seta u hongo. Esta forma que tienen de reproducirse este tipo de organismos se llama reproducción asexual porque no es necesario que exista un organismo macho y otro hembra para que se reproduzcan.

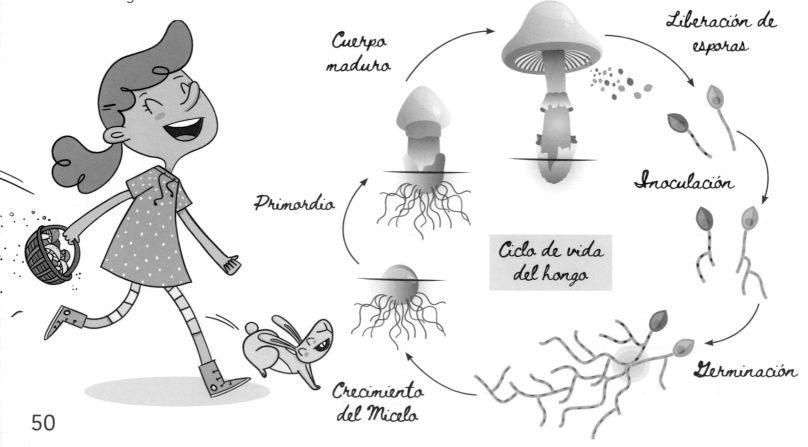

Cuerpo maduro

Liberación de esporas

Primordia

Inoculación

Ciclo de vida del hongo

Germinación

Crecimiento del Micelio

Imprimiendo setas

10 minutos de preparación

1 día de observación

Atención

Si haces este experimento en el campo, debes ir con una persona adulta que te ayude a coger las setas y aseguraos de que no son venenosas. ¡Cuidado con las tijeras!

Necesitas

- Varios ejemplares de setas: los comestibles son los más fáciles de encontrar y los más seguros de utilizar
- Un vaso por cada seta
- Una cartulina blanca
- Unas tijeras
- Agua

Consejo

Si se te rompe el hongo o la seta, no te preocupes, puedes colocar el sombrero directamente sobre el papel, aunque el resultado será menos llamativo.

01

Recorta la cartulina un poco más grande que el vaso y en el centro hazle un círculo pequeño.

02

Pasa el pie de la seta a través del círculo, de manera que el sombrero quede completamente apoyado en la cartulina.

03

Llena el vaso de agua y coloca la seta atravesando la cartulina. Asegúrate de que el agua quede rozando el pie del hongo, pero no lo sumerjas entero.

04

Repite el proceso con todas las setas y deja reposar durante 24 horas.

05

Retira con cuidado la seta de la cartulina y mira los resultados.

¿Qué está pasando?

La parte inferior del sombrero de la seta está completamente cubierta de esporas. Al dejarla en contacto con la cartulina durante 24 horas, estas esporas van cayendo y se colocan en la superficie de la cartulina, de manera que parece una copia exacta de los pliegues y la forma de la seta por abajo.

Las plantas agarran el suelo

Las plantas son una de las principales fuentes de oxígeno del planeta y son imprescindibles para la vida, pero quizás no sepas que cumplen otra función que nos afecta directamente: sirven de anclaje y sujeción del suelo.

Las plantas y árboles fijan las capas superiores del suelo gracias a sus raíces, que se agarran y lo compactan. Esto hace que, si hay lluvias torrenciales, sea mucho más seguro vivir cerca de zonas con vegetación que donde no tienen plantas ni árboles.

Cuando llueve mucho en poco tiempo, la lluvia es muy intensa y arrastra toda la arena y el suelo, formando grandes cantidades de barro que el agua de lluvia arrastra, igual que cuando se desborda un río.

Esto es un riesgo para los pueblos y ciudades

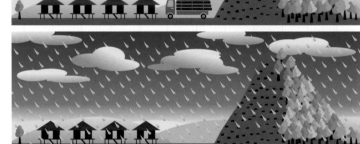

Las raíces de las plantas y árboles ayudan a sujetar la tierra y a evitar la erosión

que se encuentren cerca, ya que es más fácil que se inunden, además de poder cortar carreteras, vías de tren, etc. Sin embargo, si el suelo está más agarrado por las raíces es más difícil que se forme este barro.

Árboles, plantas e inundaciones

10 minutos de preparación

Necesitas

- Una maceta con una planta ya crecida con raíces desarrolladas
- Una maceta llena de tierra sin planta
- Una regadera
- Una superficie inclinada
- Dos tubos de goma
- Unas tijeras
- Dos cubos
- Agua

01

Haz un agujero cerca de la base de cada una de las macetas.

02

A través del agujero pasa el tubo de goma, para que sirva como canal de desagüe, en cada una de las macetas.

03

Coloca las dos macetas sobre la superficie inclinada, asegurándote de que los tubos estén en la misma dirección que la parte más baja de la pendiente.

04

Coloca un cubo vacío bajo cada tubo, para recoger el exceso de agua.

05

Vierte una regadera completa de agua en cada maceta.

06

Observa cómo sale el agua por los tubos de cada una de las macetas. ¿Qué contiene? ¿De qué color es? ¿Qué diferencias ves?

¿Qué está pasando?

Con exceso de agua, la maceta la expulsa por los tubos. Pero el agua no sale ni del mismo color ni a la misma velocidad en las dos macetas. En la maceta de la planta, el agua sale más despacio y más limpia porque las raíces y la vegetación ayudan a fijar la tierra.

Tropismos: ¿Cómo crecen las plantas?

Los animales respondemos a estímulos, como cuando nos vamos a pinchar con algo y quitamos la mano, y las plantas también son capaces de hacerlo, aunque más lento.

La planta siempre busca la luz solar

Ante diferentes estímulos, como la luz y la gravedad, las plantas tienen un mecanismo de respuesta con pequeños y continuados movimientos: se llaman los **tropismos**. Así, las plantas cambian su dirección de crecimiento según se quieran acercar o alejar a algo.

Si las plantas se mueven por un estímulo luminoso, es decir, por la luz, se llama **fototropismo**. Por ejemplo, cuando los girasoles están creciendo, vemos cómo su flor va girando y mirando hacia el sol. Si las plantas modifican

su dirección por la gravedad, se llama **geotropismo**.

Las raíces tienden a crecer a favor de la gravedad (hacia abajo) y el tallo en contra (hacia arriba). ¿Alguna vez te has fijado en los árboles tumbados de una ladera? Los troncos tratan siempre de ir hacia arriba, a pesar de que la gravedad les hace ir hacia abajo, dando lugar a estas formas tan graciosas.

También podemos encontrar tropismo en el agua: el **hidrotropismo**, cuando las raíces crecen buscando el agua.

Necesitas

- Tres o más semillas de legumbres: judías, lentejas o garbanzos
- Tres recipientes de cristal: vasos o tarros
- Una caja de zapatos
- Papel de filtro
- Algodón
- Tijeras
- Agua

Observa su crecimiento

30 minutos de preparación

1 semana de observación

Atención

Cuidado con las tijeras.

Consejo

Deja en remojo la noche de antes las semillas de legumbres. Puedes poner más semillas en cada recipiente si lo deseas.

01

Introduce un trozo de algodón húmedo en el fondo de cada uno de los tres recipientes.

02

Introduce en uno de los recipientes un cilindro de papel de filtro que quede pegado a la pared.

03

Coloca las semillas sobre el algodón, salvo en el recipiente con el filtro. En ese recipiente, coloca la semilla entre el cristal y el papel.

04

Realiza un agujero de 2-3 cm en el lateral de la caja a media altura e introduce uno de los recipientes.

05

Coloca cada cosa en su lugar: la caja en un lugar donde entre la luz por el orificio. El recipiente con el filtro tumbado, en un lugar luminoso y el otro recipiente en posición vertical en el lugar luminoso.

06

Obsérvalas durante una semana o más y moja un poco el algodón si lo ves seco.

¿Qué está pasando?

Los tallos en la caja de cartón han crecido hacia la luz por el ototropismo. En la del recipiente tumbado han crecido siguiendo la gravedad, por el geotropismo. En todos puedes observar cómo las raíces han buscado siempre el agua por el hidrotropismo.

DEBES CONOCER...

Arquímedes Fue un filósofo y científico griego que nació en el 280 a.C. Investigó, entre otras cosas, cómo se comportan los objetos sumergidos en su famoso principio de Arquímedes.

Cambio climático Proceso mediante el cual, por distintos factores, el clima del planeta se va modificando, volviéndose más frío o caliente. También afecta a otros fenómenos como las lluvias, tormentas, sequías, etc.

Blaise Pascal Filósofo y científico Francés del siglo XVII que desarrolló experimentos sobre la presión y el vacío, entre otros.

Célula Es la unidad viva más pequeña que se puede encontrar. Funciona de manera autónoma, aunque puede asociarse con otras células, dando lugar a los organismos pluricelulares.

Densidad Es la relación que hay entre el peso o masa y el volumen o espacio que ocupa un objeto.

Dióxido de carbono (CO_2) Es un gas que se produce siempre que se quema algo, ya sea un objeto, madera, combustible, etc, y también cuando respiramos los animales y las plantas. Es también el principal Gas de Efecto Invernadero.

Disolución Una mezcla de una sustancia sólida con un líquido hasta que queda mezclado. Por ejemplo, un vaso de leche con cacao es una disolución de cacao en leche.

Erosión Desgaste que se provoca en la superficie de los objetos por efecto del viento, la lluvia o el roce constante.

Esporas Cuerpos microscópicos que liberan algunas plantas, hongos y algas que sirven para dispersarse y llegar a nuevos lugares o bien para reproducirse.

Fósiles Restos o señales (como huellas) de la presencia de organismos que vivieron hace cientos y miles de años y que se han preservado en diferentes medios como piedras o ámbar.

Fotosíntesis Proceso con el que las plantas retiran dióxido de carbono (CO_2) de la atmósfera y lo transforman en oxígeno (O_2) que sueltan a la atmósfera. Para conseguirlo necesitan energía que obtienen de la luz solar.

Frecuencia Es el número de veces que se repite una onda en una unidad de tiempo concreta, ya sea por segundo, por hora, etc.

Gases de Efecto Invernadero (GEI) Son los gases que provoca una pantalla alrededor de la superficie de la Tierra que sirve de filtro para los rayos solares y hace que la radiación quede atrapada cerca de la superficie, haciendo que la temperatura suba.

Glaciar Son masas de nieve de gran tamaño que se han transformado en hielo debido a la presión a medida que la nieve se ha acumulado durante cientos y miles de años.

Hongo Organismo perteneciente al reino Fungi. Son los descomponedores de la naturaleza, ya que se alimentan de restos de materia vegetal o animal.

Magma Es una mezcla de roca y minerales fundidos junto con una mezcla de gases que se encuentra bajo la superficie terrestre. Sale al exterior gracias a los volcanes en forma de lava.

Mar Masas de agua salada de menor tamaño que los océanos y que suelen estar limitados o acotados, por ejemplo, el mar Mediterráneo o el mar Rojo.

Norte magnético terrestre Es el punto de la tierra donde se encuentran las líneas del campo magnético de la Tierra. Es hacia donde señalan las brújulas.

Océano Masa continua de gran tamaño y volumen de agua salada que cubre la superficie terrestre. En la Tierra existen cinco océanos.

Ondas Es la forma en la que se propaga una perturbación a través de distinto medios. Por ejemplo, la luz o el sonido, son ondas que se transmiten a través del aire, del agua, etc.

Presión Es la fuerza que se ejerce perpendicularmente sobre un punto concreto.

Puntos cardinales Sistema de referencias que se usa en los mapas donde, una vez identificado el Norte, en el extremo opuesto está el Sur, a la izquierda el Oeste y a la derecha el Este.

Seta Es un tipo de hongo que se caracteriza por tener una forma concreta, con un tronco o cuerpo que termina en una sombrilla. Pueden ser comestibles o venenosas.

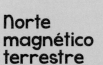

Oxígeno (O_2) Es uno de los gases más abundantes del planeta Tierra e imprescindible para la vida. Es lo que nos permite respirar a los seres humanos, los animales y las plantas.

Tormenta Fenómeno atmosférico que se caracteriza por precipitaciones o lluvia abundantes, puede ir acompañado de viento fuerte, así como de rayos y truenos.